BEI GRIN MACHT SICH IHR WISSEN BEZAHLT

- Wir veröffentlichen Ihre Hausarbeit, Bachelor- und Masterarbeit

- Ihr eigenes eBook und Buch - weltweit in allen wichtigen Shops

- Verdienen Sie an jedem Verkauf

Jetzt bei www.GRIN.com hochladen und kostenlos publizieren

Bibliografische Information der Deutschen Nationalbibliothek:

Die Deutsche Bibliothek verzeichnet diese Publikation in der Deutschen National-bibliografie; detaillierte bibliografische Daten sind im Internet über http://dnb.d-nb.de/ abrufbar.

Dieses Werk sowie alle darin enthaltenen einzelnen Beiträge und Abbildungen sind urheberrechtlich geschützt. Jede Verwertung, die nicht ausdrücklich vom Urheberrechtsschutz zugelassen ist, bedarf der vorherigen Zustimmung des Verla-ges. Das gilt insbesondere für Vervielfältigungen, Bearbeitungen, Übersetzungen, Mikroverfilmungen, Auswertungen durch Datenbanken und für die Einspeicherung und Verarbeitung in elektronische Systeme. Alle Rechte, auch die des auszugsweisen Nachdrucks, der fotomechanischen Wiedergabe (einschließlich Mikrokopie) sowie der Auswertung durch Datenbanken oder ähnliche Einrichtungen, vorbehalten.

Impressum:

Copyright © 2010 GRIN Verlag, Open Publishing GmbH
Druck und Bindung: Books on Demand GmbH, Norderstedt Germany
ISBN: 9783668288201

Dieses Buch bei GRIN:

http://www.grin.com/de/e-book/280508/der-einfluss-des-jargons-auf-die-gegenwaer-tige-russische-sprache

Viktoria Popsuy-Johannsen

Der Einfluss des Jargons auf die gegenwärtige russische Sprache

GRIN Verlag

GRIN - Your knowledge has value

Der GRIN Verlag publiziert seit 1998 wissenschaftliche Arbeiten von Studenten, Hochschullehrern und anderen Akademikern als eBook und gedrucktes Buch. Die Verlagswebsite www.grin.com ist die ideale Plattform zur Veröffentlichung von Hausarbeiten, Abschlussarbeiten, wissenschaftlichen Aufsätzen, Dissertationen und Fachbüchern.

Besuchen Sie uns im Internet:

http://www.grin.com/

http://www.facebook.com/grincom

http://www.twitter.com/grin_com

Inhaltsverzeichnis:

1. Einleitung 2
2. Begriffserklärung 2
3. Der Einfluss des Jargons auf die russische Sprache 4
    3.1 Berufsjargon im Russischen 5
    3.2 Sozial- bzw. Gruppenjargon im Russischen 7
        3.2.1 Jugendjargon oder nationaler Jargon 7
        3.2.2 Argot bzw. Gaunersprache 11
4. Fazit 12
5. Literaturverzeichnis 14

1. Einleitung

Der Begriff „Jargon" wird heute sehr häufig benutzt. Viele reden über den Einfluss des Jargons auf die Standardsprache, über die „Verunreinigung" des Russischen. Ist dies wirklich so?

In der vorliegenden Arbeit wird der Einfluss auf die russische Sprache untersucht. In der Literatur und in Wörterbüchern kann man viele unterschiedliche Definitionen des Begriffs „Jargon" finden. Außerdem existieren auch andere Begriffe, die manchmal als Synonym für den Jargon verwendet werden und manchmal eine eigen ständige Bedeutung haben. Damit keine Unklarheiten in dieser Arbeit entstehen, ist die Begriffserklärung unentbehrlich.

In den nächsten Kapiteln wird an den Beispielen des Argots, Berufs- und Jugendjargons gezeigt, welche Jargonismen aus diesen Bereichen Einfluss auf das Russisch nehmen. Dabei ist auch interessant zu sehen, ob eine Bedeutungsveränderung stattfindet oder nicht.

Am Ende der Arbeit sollte deutlich erkennbar sein, welche Gründe es für den Einfluss gibt. Es wird auch erwähnt, dass unterschiedliche Meinungen darüber existieren, ob dieser Einfluss gut oder schlecht ist, ob die Jargonismen die Sprache erweitern oder sie die Standartsprache „beschmutzen".

2. Begriffserklärung

Viele sprechen über den Einfluss der Jargonsprachen auf die russische Sprache. Aber es ist nicht immer eindeutig, was die Jargonsprachen bedeuten. In der russischen Sprache gibt es außerdem Begriff „Jargon" (*žargon*) noch weitere Begriffe, die auch verwendet werden, um das gleiche zu beschreiben, z. B. „Argot" (*argo*), „Slang" (*sleng*) und „Umgangsprache" (*prostorečie*). Der Grund für die Begriffsvielfallt ist die voneinander unabhängige Entwicklung der englisch-amerikanischen, französischen und russischen Sprachwissenschaften im XIX und XX Jahrhundert, besonders in den nicht literarischen Sprachformen (Romanov 2004:17). Bevor es in dieser Arbeit um den Einfluss der Jargonsprache als Hauptthema geht, werden die Begriffe definiert, um Unklarheiten zu vermeiden.

Ich fange mit dem Begriff „Jargon" an. Nach Ožegov bedeutet „Jargon" (*žargon*) – die Redeweise von sozial- oder zusammenschließenden gemeinsamen Interessengruppen, in denen es viele verschiedene, von der Standardsprache abweichende Ausdrücke gibt. Dazu gehören die künstlichen, aber auch die bedingten Wörter und Ausdrücke, die die

Geschmäcker und die Bedürfnisse einer bestimmten Gruppe ausweisen (Ožegov 2008:240). Als Bespiel kann man den Jungendjargon (die Redeweise von jungen Leuten) nennen. Der Jargon wird als lexikalisch-phraseologisches Teilsystem mit dem Ziel der Entfernung von der restlichen sprechenden Gesellschaft bezeichnet (Walter 2001:218). Der Begriff „Jargon" wird hier nach der Definition von Skvorcov benutzt, die Romanov in seinem Aufsatz gebraucht. Er schreibt: Jargon – „социальная разновидность речи, характеризующаяся в отличие от общенародного языка, специфической (нередко экспрессивно переосмысленной) лексикой и фразеологией, а также особым использованием словообразовательных средств. Жаргон является принадлежностью относительно открытых социальных и профессиональных групп людей, объединенных общностью интересов, привычек, занятий, социального положения и т.п." (soziale Variante der Sprache, die im Unterschied zu der Gemeinsprache des Volkes durch die spezifische (häufig ausdrucksvoll uminterpretiert) Lexik und Phraseologie, aber auch durch die besondere Nutzung der Wortbildung charakterisiert wird. Der Jargon gehört den relativ offenen Sozial- und Berufsgruppen der Menschen, die nach gleichen Interessen, Gewohnheiten, Beschäftigungen, sozialem Stand usw. zusammen kommen) (zit. n. Romanov 2004:14f.)

Der nächste Begriff „Argot" (*argo*) definiert Ožegov so: Argo – bedingte Ausdrücke und Wörter, die von irgendeiner isolierten oder beruflichen Gruppe bzw. vom Arbeitskreis verwenden werden (Ožegov 2008:34). Aber in der russischen Sprachwissenschaft wird der Begriff „Argot" seit Ende des XIX Jahrhunderts in einer eingeschränkten Bedeutung verwendet (Romanov 2004:13). Walter schreibt: „Арго – специализированные, общеуголовные и тюремные языки […]" (Argot – Spezial-, Gesamtkriminell- und Gefängnissprachen) (Walter 2001:218). In dieser Arbeit wird der Begriff „Argot" nach der Definition Walter's verwendet.

Als nächstes schauen wir uns den Begriff „Slang" an. Er wird in die russische Sprachwissenschaft aus der englischen Sprache in der Mitte des XVIII Jahrhunderts übernommen (Romanov 2004:15). Walter schreibt, dass der „Slang" in der ganz neuen „Enzyklopädie der russischen Sprache" Moskau 1998 nicht definiert wird (Walter 2001:219). Im gegenwärtigen erklärenden Wörterbuch von Čemochonenko 2007 wird „Slang" so definiert: „Slang" – Sprachvariante, die von irgendeiner Sozial- bzw. Berufsgruppe benutzt wird; das gleiche wie beim Jargon, Argot; besonders in zwangsloser, gesprochener Sprache, die in verschiedenen jungen Kreisen verbreitet ist (Čemochonenko 2007:587). Walter definiert den Begriff „Slang" ein bisschen anders. Er versteht darunter ein nicht normatives lexikalisch-phraseologisches Teilsystem der Umgangssprache, seine stilistische Vielfalt oder besonderes Einordnung, das für die Äußerung der verstärkten Expression und der wertenden Färbung gedacht ist (Walter 2001:219). Er sagt auch, dass der Slang im Unterschied zum Jargon und Argot keiner bestimmten Sozialgruppe zuzuordnen ist. Diese Sprache wird nicht nur von jungen Leuten oder Kriminellen benutzt, sondern auch von der älteren Generation und gebildeten Menschen (ebd.). Um Unklarheiten zu vermeiden, wird in dieser Arbeit der Begriff „Slang" nicht verwendet, weil er keine genauere Definition besitzt.

Es bleibt noch der Begriff „Umgangsprache" (*prostorečie*) zu definieren. Es gibt auch bei diesem viele unterschiedlichen Definitionen. Meiner Meinung nach, zitiert Romanov in seiner Arbeit „Sovremennyj russkij molodežnyj sleng" (Gegenwärtiger russischer Jugendslang) die passende Definition von Žuravlev. Er schreibt „просторечие – социально обусловленная разновидность национального русского языка, в которой реализуются средства, находящиеся за пределами литературной нормы. […] Социальную базу просторечия составляют в основном горожане с невысоким уровнем образованности... Просторечно говорящего, как правило, характеризует неразвитое языковое чутье и невосприимчивость к различиям между нормативным и ненормативным в языке" (Umgangsprache – die sozialbedingte Variante der nationalen russischen Sprachen, in der die Verhältnisse realisiert werden, die sich außerhalb der standardsprachlichen Normen befinden. […] Soziale Basis der Umgangssprachen besteht im Wesentlichen aus den Stadtbewohnern mit niedrigem Bildungsgrad… Sprecher der lässigen Umgangssprache werden in der Regel das unentwickelte sprachliche Feingefühl und die Unempfänglichkeit zu den Unterschieden zwischen dem Normativen und nicht Normativen in der Sprache charakterisiert (zit. n. Romanov 2004:12). In der Arbeit werde ich den Begriff „Umgangsprache" als Synonym zur Alltagssprache verwenden.

3. Der Einfluss des Jargons auf die russische Sprache

Die Jargonlexik hat sehr großen Einfluss auf die gegenwärtige russische Sprache. Dieser aktive Prozess des Übergangs beginnt in den achtziger Jahren (Eckert 2004:62ff.). Die Jargonwörter erwerben „immer öfter den Status von umgangssprachlicher Lexik, d. h. ihre Gebrauchssphäre wird erweitert" (Eckert 2004:64). Der Jargon wird in Berufs- und Sozialjargon aufgeteilt. Diese beiden Bereiche schauen wir uns genauer an, was gehört zu diesen, welche Funktionen haben sie und in welche Bereiche der Standardsprache fließen sie ein.

3.1 Berufsjargon im Russischen

Die Berufsjargonlexik unterscheidet sich im sozialen und kommunikativen Status von anderen Teilsystemen der russischen Standardsprache mit einer Besonderheit: die Sprecher dieses Jargons sind gleichzeitig die Sprecher eines anderen Teilsystems (Krysin 2003:68f., 2004:394f.). Der Berufsjargon dient als funktionale Ergänzung zu irgendwelchen anderen Teilsystemen des Russischen (Krysin 2004:395). Die Menschen benutzen die Jargonlexik aus in den Berufsbereichen, besonders in der Schriftsprache, als offizielle Kommunikation. Aber außer in diesen Situationen gebrauchen sie in nicht beruflichen Themen die Standartsprache, einen Dialekt oder seltener die Umgangssprache (Krysin 2003:69). Die gesprochene Sphäre jedes Berufsjargons ist von bestimmten Bedienungen abhängig, und zwar von Situationen, Zielen, Themen, Empfängern usw. (ebd.). Die Leute, die einen bestimmten Berufsjargon verwenden, sind leicht zu erkennen, da sie diesen Beruf gelernt haben oder sie diesen seit langer Zeit ausüben (ebd.). Die Menschen benennen die benutzten Objekte, Instrumente oder Teile davon, aber auch die Prozesse, die direkt mit dem Beruf zu tun haben. Dies wird meistens durch emotional-bildliche Charakteristik der Gegenstände und Erscheinungen bestimmt (zit. n. Licholitov 1998:40). Manche Jargonismen werden nur in einer bestimmten Gruppe verstanden, von der sie benutzt werden (Krysin 2003:69). Am Beispiele (1), (2) und (3) werden wir sehen, dass manche Jargonismen in unterschiedlichen Berufen verwendet werden und unterschiedliche Bedeutungen tragen:

(1) *коробка* ('die Schachtel') – das Schiff bei den Seeleuten;
(2) *коробка* ('die Schachtel') – so nennen die Bauarbeiter das Gebäude (sein Gerüst);
(3) *коробочка* ('das Schächtelchen') – die Benennung des Panzers bei den Panzersoldaten (Skvorcov 1996:63).

In der sprachlichen Beziehung sind gegenwärtige berufliche Jargonismen verschiedenartig. Man kann sie auf mindestens zwei Gruppen der Kommunikationsmittel aufteilen: a) Mittel, die mit den Einheiten der Standardsprache übereinstimmen und die Grundlagen der lexikalischen und grammatischen Struktur des Berufsjargon bilden, Beispiel (1); b) die argotischen Wörter und Ausdrücke, die manchmal als Dublette eines offiziellen Begriffes benutzt werden, Beispiel (4), aber auch manchmal als Benennung eines Begriffes, der bis jetzt keinen Namen in der Standardsprache bekommen hat (Krysin 2003:70).

(4) *дембель* – 'увольнение солдат в запас' ('Entlassung der Soldaten in die Reserve') – Jargon der Armeeleuten (Eckert 2004:64).

Die Berufsjargonismen werden charakterlich durch metaphorische Ausdrücke gebildet (Krysin 2003:70). Das können wir am Beispielen (1), (2) und (3) sehen, da werden die Objekte mit der alltäglichen Bezeichnung „Schachtel" benannt, weil diese für die Leute eine Ähnlichkeit mit einer Schachtel besitzen. Die Berufsjargonismen unterscheiden sich von den literarischen Begriffen in der Wortbildung der Adjektive, Verben und Substantive (Krysin 2004:397). Das verdeutlichen die Beispiele (5) und (6):

(5) *капиталка* – 'капитальный ремонт' ('Generalreparatur');

(6) *микруха* – 'электронное устройство помещенное в маленький неразборный корпус и содержащее в себе сложную схему из полупроводниковых деталей' [1] (Ein integrierter Schaltkreis ist eine auf einem einzelnen (Halbleiter-)substrat untergebrachte elektronische Schaltung (Festkörperschaltkreis)).

In der Jargonlexik werden genau so wie in der Standardsprache die Begriffe aus anderen Sprachen entlehnt und russifiziert (Krysin 2003:72). Das kann man an den Beispielen (7) und (8) aus dem Berufsjargon der Programmierer sehen:

(7) *геймить* – 'играть в компьютерную игру' ('in einem Computerspiel spielen')

(8) *трупопаскаль* – 'программный язык Turbo Pascal' ('Programmiersprache Turbo Pascal') (Krysin 2003:72).

In der Computersphäre werden manche alltägliche Begriffe mit einer ganz anderer Bedeutung (semantische Veränderungen) und in einem ungewohnten Kontext (aus Sicht der Standardsprache) eingefügt:

(9) компьютер *зависает* или *задумывается* – 'der Computer hat sich aufgehängt oder er denkt nach' (Krysin 2003:72f.)

Seitdem der Computer populär geworden ist, werden die Begriffe aus dem Computerbereich in der Alltagssprache, aber auch in der Literatur verwendet.

(10) — „А что это у меня компьютер зависает?"[2] - 'Wieso hängt sich der Computer bei mir auf?'

Die Berufsjargonismen und die Standartsprache haben einen gegenseitigen Einfluss auf einander und werden verwendet, wobei es aber mehrere Gründe gibt, warum sie nicht gemischt werden:

a) wie oben schon beschrieben wurde, benutzen die Sprecher, die Berufsjargonismen besitzen, auch die russische Standardsprache;

---

[1] http://www.jargon.ru/slova.php?id=85375&cat=310 11.08.2010
[2] Людмила Петрушевская. Морские помойные рассказы // «Октябрь», 2001 aus den Nationalkorpus der russischen Sprache 10.08.2010

b) die meisten Jargonismen werden in bestimmten Situationen verwendet, weswegen sich die zwei Teilsystem nicht im Alltag treffen.

Die gleichen Gründe dienen aber für die Existenz der beiden Teilsystemen (Krysin 2004:395). Das ist auch wichtig, weil der Berufswortschatz zur Erkennung der „eigenen" Leute, die schon lange im Beruf sind, und „fremder" Leute, die keine Ahnung davon haben, dient (Krysin 2003:71).

3.2 Sozial- bzw. Gruppenjargon im Russischen

Der Jargon kann nicht nur nach Berufen definiert werden, sondern auch nach Abspaltungen von der restlichen Gesellschaft oder nach der Zugehörigkeit zu einer bestimmten Gruppe (Krysin 2003:74). Die Sprachwissenschaftler haben sich nicht immer für den gesprochenen Jargon interessiert und ihn untersucht, weil die kommunikative Rolle zwischen der Standartsprache und dem gesprochenen Jargon nicht so bedeutend ist, wie die kommunikative Rolle zwischen der Literatursprache und dem Berufsjargon (Krysin 2003:75). Erst seit ca. 1960 entsteht das Interesse an der gesprochenen Sprache, auch mit der Absicht ihr System herauszufinden und die Qualität der Zulässigkeit in der Standartsprache zu prüfen (Kostomarov 1999:109). Die gesprochene Sprache wird heute nicht nur in der privaten, sondern auch in der öffentlichen Kommunikation verwendet. Ihre Frische, Offenheit und Expression entsprechen den Geschmäckern der Gesellschaft und der Epoche (ebd.). In dieser Arbeit werden zwei Gruppen dieses Jargons (Jugendjargon, Argot) genauer angeschaut, da sie den größten Einfluss auf die Standardsprache haben.

3.2.1 Jugendjargon oder nationaler Jargon

Was bedeutet der Jugendjargon und von wem wird dieser verwendet? Hat der Jugendjargon einen Einfluss auf die Literatursprache oder nicht? Auf diese Fragen wird hier versucht die Antwort zu finden.

Walter beschreibt die Gruppe, die den Jargon in ihrer Kommunikation verwendet, anhand des Alters. Er schreibt, dass die Sprecher des Jargons die Kinder sind, die in die Schule gehen, bis zu den 35-järigen Erwachsenen. Dazu gehören aber auch Gruppen wie die Hippies, Studenten, die arbeitenden jungen Leute, die jungen Akademiker, Soldaten oder Matrosen, Punker, Rocker und Metaller (Walter 2001:221). Romanov definiert die Gruppe, die die

Jargonlexik benutzt auch über das Alter, aber er gibt genauere Angaben dazu, ab welchem Alter Schüler anfangen, den Jargon zu verwenden, ab welchem Alter die Jargonlexik zu ihrem Höhepunkt kommt und wann die Leute anfangen, ihre Jargonismen in ihrer Rede abzubauen. Er schreibt:

> „Постепенное насыщение речи подростка сленговой лексикой начинается в возрасте 12 – 13 лет. Своеобразный пик в употреблении жаргонизмов приходится на 19 – 20 лет. В этом же возрасте, […], достигает своего максимума пассивный словарь жаргонизмов носителя языка. Приблизительно с 25 лет начинается процесс постепенного снижения использования жаргонной лексики в речи. Этот процесс приобретает более выраженный характер в возрастной группе от 30 до 40 лет." (Romanov 2004: 181).
> (Die allmähliche Sättigung der Sprache der Jugendlichen durch Jargonlexik fängt im Alter von 12 – 13 Jahren an. Der Höhepunkt der Verwendung der Jargonismen kommt zwischen dem 19. – 20. Lebensjahr. In dem gleichen Alter, […], erreicht der passive Wortschatz der Jargonismen des Sprachträgers sein Maximum. Ungefähr ab dem 25. Lebensjahr fängt der Prozess der allmählichen Senkung der Benutzung der Jargonlexik in der Sprache an. Dieser Prozess erhält einen deutlichen ausgeprägten Charakter in der Altersgruppe von 30 bis 40 Jahren.)

Wenn man das Alter der Jargonbenutzer nach der Definition Romanov's anschaut, sieht man, dass dieses Alter in das Studienleben der jungen Leute fällt. Deswegen wird der Studentenjargon als Grundlage für den Jungendjargon benannt (Skvorcov 1996:64). Die Studenten benutzen die Jargonlexik meistens nur in der gesprochenen Sprache. Zu folgendem Beispiel (11) wurde nichts im Nationalkorpus der russischen Sprache gefunden.

> (11) *получить зачет автоматом* – ′автоматически полученный зачет (предмет)′ (die Note in einem Fach ohne Prüfung bekommen (automatisch)).

Aber die Lexik des Jugendjargons wird aus allem Neuen und nicht Traditionellen gebildet, meistens alles, was von der Literatur und den Normen der Gesellschaft verschmäht wird. Der Computerjargon und städtische Umgangsprache, Englisch und Gaunersprache sind heute auch die Sprache von Musikern und Drogensüchtigen (Fedorova 2003:272). So bedeutet in der Gaunersprache das Wort (12) *разборка* – ′die (kriminelle) Auseinandersetzung′, wird aber im Jugendjargon nur in der Bedeutung „die Auseinandersetzung", d. h. den Konflikt lösen, gebraucht. Dieses Wort wird auch in der Standardsprache sehr oft gebraucht und von Journalisten in Zeitungen schon nicht mehr als Jargonismus verwendet (Kostomarov 1999:102):

> (13) – „ Пенсионерская разборка. В городе Отрадный Самарской области 68-летний пенсионер на почве неприязненных отношений бросил гранату в дом своей 75-

летней соседки"³ (Auseinandersetzung von Rentnern. In der Stadt Otradnyj im Samara-Gebiet hat ein 68-järiger Rentner eine Granate infolge einer persönlichen feindseligen Beziehung ins Haus seiner 75-jährigen Nachbarin geworfen).

Noch ein Wort (14) *беспредел* – 'Willkür' soll zeigen, wie die Jargonismen in die Standardsprache mit einfließen, dabei werden sie nicht als Jargonismen empfunden. Dieser Jargonismus wurde erstmals in der Gaunersprache gebraucht und hatte zwei Bedeutungen: 1. Gewalt, Mord, normalerweise durch Verletzung von irgendeiner Norm oder Gesetz, das in diesem Umfeld gilt; 2. Aufstand im Gefängnis (Zemskaja 2000:82). Im Jugendjargon wird dieses Wort in den sechziger Jahren mit veränderter Bedeutung benutzt und heißt „absolute Gesetzlosigkeit, Rechtslosigkeit und Chaos in der Gesellschaft (Gračev, Mokienko 2008:54f.). Ab den neunziger Jahren wird dieses Wort in der Zeitungssprache verwendet, wobei auch wieder eine Bedeutungsveränderung stattfindet: 1. Verprügelung, (nationale) Pogromen, grausames Handeln, das mit körperlicher Gewalt zu tun hat (*армейский беспредел* – 'Willkür der Armee'; *беспредел милиции* – 'Willkür der Polizei); 2. negative Bezeichnung für die Personen oder soziale Institute, oder die Taten derer (*беспредел местных властей* – 'Willkür der lokalen Behörden'; *беспредел ложной демократии* – 'Willkür der falschen Demokratie') (Zemskaja 2000:82f.). Noch ein Beispiel, bei dem dieses Wort in der Zeitung benutzt wird:

(15) – „Но важнее, полагает Борисов, решить проблему налогового и административного контроля. "Чиновничий беспредел уже стал общим местом. Президент и раньше говорил о налоговом терроризме."⁴ (Aber wichtiger, denkt Borisov, ist, das Problem der Steuer- und Verwaltungskontrolle zu lösen. „Beamtenwillkür ist schon überall anzutreffen. Der Präsident hat auch früher von Steuerterrorismus gesprochen.")

Die Gründe für die Verbreitung des Jugendjargons in der Standardsprache sind ganz unterschiedlich. Erstens spielen die jungen Menschen im modernen Russland eine bedeutende Rolle. Sie sind aktiv im neuen Leben, schaffen neue Tätigkeitsbereiche (Unternehmen, Showbusiness und Werbung), werden bekannt, treten im Fernsehen auf, geben Interviews und äußern sich in der Presse (Eckert 2004:65). Zweitens sind die jungen Menschen, diejenigen die bei den Massenmedien arbeiten (ebd.). Sie wollen ein eigenes originelles Image und dazu dient ihnen die Sprache, um etwas Neues und Ungewöhnliches zu erschaffen (ebd.). Diese

---

[3] Пёстрый мир (2003) // «Марийская правда» (Йошкар-Ола), 2003.01.18 aus den Nationalkorpus der russischen Sprache 12.08.2010
[4] Малый бизнес к 2020 году должен вырасти в 3-4 раза - эксперт // РИА Новости, 2008.02.08 aus den Nationalkorpus der russischen Sprache 11.08.2010

neue Expressivität wird in der Gesellschaft sehr schnell verbreitet und dient dazu, dass das alles zusammen allgemein bekannt wird. (Eckert 2004:66). Das Problem besteht darin, dass nicht mehr nur die Jugend, die Jargonlexik in Gesprächen unter sich durch die erhöhte Emotionalität des Jugendkreises verwendet und damit die Standardsprache mit der „niedrigen" Lexik beeinflusst, sondern auch die Popularisierung dieser Lexik durch Radio oder Fernsehen zu einem höheren Maße der Benutzung in der Gesellschaft führt (ebd.). Dadurch spüren die jungen Leute keinen Unterschied mehr zwischen der Standard- und Jargonlexik. Drittens gibt es eine expressive Umgangssprache, die „sich infolge objektiver Umstände (sozial-ökonomische Schwierigkeiten breiter Schichten der russischen Bevölkerung, soziale Differenzierung und soziale Spannungen in der russischen Gesellschaft) in der Redeweise der Russen aktiviert hat" (Eckert 2004:66). Die Verwendung des Jugendjargons und Einheiten anderer Jargons führt zur Bildung eines nationalen Jargons der russischen Bevölkerung (Eckert 2004:66).

(16) *крыша поехала* – 'сойти с ума' (wörtliche Übersetzung 'das Dach fährt', heißt aber 'Verrückt werden');

(17) *вешать лапшу на уши кому-либо* – 'кого-либо обмануть' (wörtliche Übersetzung 'jemandem die Spaghetti auf die Ohren hängen' heißt aber 'jemanden betrügen').

Diese Ausdrücke kann man in Zeitungen wieder finden, ohne dass sie extra gekennzeichnet sind und zur Jargonlexik gehören. Das zeigt das Beispiel (18):

(18) – „Но бывший пермский губернатор, а ныне министр природных ресурсов Юрий Трутнев быстро их урезонил: дескать, не надо вешать лапшу на уши, все у вас есть, я знаю!"[5] (Aber der Ex-Gouverneur der Perm', und jetzt Minister der Naturschätze Jurij Trutnev hat sie schnell zur Vernunft gebracht: na, sie brauchen keine Spaghetti auf den Ohren, sie haben alles, ich weiß es!)

Der Jungendjargon ist kein festgelegtes Sprachsystem. Er wird wieder und wieder erweitert. Die jungen Menschen denken sich immer wieder neue Wörter aus, weil sie nicht identisch mit der Erwachsenenwelt sein möchten (Romanov 2004: 178f.). Sie gebrauchen den Jargon als eine eigene sprachliche Identifikation (ebd.). Eine große Rolle in der Popularisierung der Jargonismen spielt das Internet. Dort gibt es eine Seite (www.jargon.ru), auf der die neuen Jargonismen, die jetzt in den Jugendkreisen benutzt werden, definiert sind und dazu auch die Synonyme oder Antonyme angegeben werden, Beispiel (19):

---

[5] Николай ЕФИМОВИЧ, (Наш спец. корр.). Фрадков спустился под землю // Комсомольская правда, 2005.09.24 aus den Nationalkorpus der russischen Sprache 11.08.2010

(19) *гондурас* – 'нехороший человек' ('schlechter Mensch'), Synonym: *козёл* (Ziegenbock – 'schlechter Mensch')[6]

Noch ein Beispiel soll verdeutlichen, wie die Jugendjargonismen in die Standardsprache eingebracht werden. Der Sprachwissenschaftler Skvorcov, der in seiner Arbeit sagt, dass der Jugendjargon ein „böser" Jargon ist und man diesen lieber nicht verwenden soll, fügt folgenden Jargonismus aus dem Jugendjargon (*выйти в тираж* – 'потерять свою привлекательность, уникальность'[7]) selber ohne Anführungsstiche in seinem Text ein: „[…] он недолговечен и быстро выходит в тираж […]" (Skvorcov 1996:69), (er ist nicht langlebig und erscheint in hoher Auflage). Dieser Jargonismus wird so verstanden, das 'etwas seinen Charme und Einzigartigkeit verliert'.

Es ist auch wichtig, dass in den letzen Jahren der Jugendjargon öfter als vorher studiert und beschrieben wird. Es werden immer mehr Wörterbücher verfasst oder Seiten im Internet erstellt, in denen die Jargonismen erklärt werden.

3.2.2 Argot bzw. Gaunersprache

Wie schon oben erwähnt wurde, kommen viele Jargonismen der Jugendsprache aus der Gaunersprache. Dazu kann man Beispiele nennen, bei denen sich die Bedeutung verändert hat oder bei denen sie gleich geblieben ist. Hierfür wird jeweils nur ein Beispiel genannt:

(20) *водяра* – 'водка' ('Wodka');

(21) *срубить* – 'заработать; достать денег' ('das Geld verdienen'), (im Argot – 'вытащить из кармана' ('aus der Tasche stehlen')) (Gračev 1997:170).

Mit der Erscheinung in Zeitungen, die kriminelle Tagesberichte veröffentlichen, werden die Wörter des Argots in der Standardsprache gebraucht (Kostomarov 1999:80). Ein Beispiel, das vielen bekannt ist:

(23) *бабки* – 'деньги' (Weiber – 'das Geld').

(24) – „А тут реальные "бабки" платят, 3 часа — 300 рублей."[8] (Und hier wird richtiges Geld bezahlt, drei Stunden – 300 Rubel)

So werden die Wörter der Gaunersprache in den Zeitungen benutzt.

---

[6] http://www.jargon.ru/slova.php?id=85428&cat=277 12.08.2010
[7] http://www.jargon.ru/slova.php?id=64676&cat=257&pc=2 12.08.2010
[8] Олег Головин. Коллективный Маугли (2003) // «Завтра», 2003.08.13 aus dem Nationalkorpus der russischen Sprache 12.08.2010

Der heutige Argot wurde in sehr unterschiedlichen sozialen Sphären gebildet (Krysin 2003:75). Die Gaunersprache verwenden Menschen aus verschiedenen Bereichen, z. B. Drogensüchtige, Journalisten, „Diebe im Gesetz", Ingenieure, Ärzte etc. und alle, die in einem stalinistischen Gefängnis gewesen waren (ebd.). Diese Zeit wird in der Literatur beschrieben, wobei die Argotlexik Verwendung findet, da die realistische Atmosphäre wiedergegeben werden soll. So kann man in den Werken des Solžinicyn, die das Leben im GULAG beschreiben, fast den ganzen Wortschatz des Argots finden. Diese Werke werden heute auch als literarische Werke in der Schule gelesen.

4. Fazit

In der Arbeit wurde versucht zu zeigen, dass die Jargonismen eine große Rolle in der gegenwärtigen russischen Sprache spielen. Die ersten neun Beispiele sollten zeigen, dass der Berufsjargon eine bedeutende Funktion in dem beruflichen Bereich hat, um die zugehörigen von fremden Leuten zu unterscheiden. Die Berufsjargonismen kann man in der Standardsprache auch wieder finden, es kommt nur darauf an, aus welchen Bereich (z. B. Computerbereich) sie stammen.

Der Sozialjargon hat den größeren Einfluss auf die Literatursprache des Russischen. Das sollten die Beispiele aus den Kapiteln 2.2 verdeutlichen. In der letzten Zeit wird immer mehr darüber in der russischen Gesellschaft diskutiert, ob dieser Einfluss und Popularität schädlich für die „saubere" und literarische russische Sprache ist. Dazu gibt es auch zwei Gruppen, die ihre Meinung auch begründen können. Die erste sagt, dass die niedrige vulgäre Lexik sehr monoton, langweilig und oberflächig ist. Sie hat nicht alle Qualitäten und Farben, die unser Leben und literarische Sprache kennt (Skvorcov 1996:69). Die zweite Gruppe sagt, dass es wichtig ist, diese Lexik zu erforschen. Die Sprache ist jedoch noch nicht so gefährdet, wie die Vertreter des Purismus es beschreiben (Romanov 2004:174). Man kann noch nicht über die „Beschädigung" der Sprache reden (Krongauz 2007:23).

Den Einfluss des Jargons auf das Russische kann man mit mehreren Argumenten begründen:

    I. „der Wegfall der Zensur, die reale Freiheit des Wortes, die in der modernen Gesellschaft in die Freiheit der Rede transformiert wird; […];

    II. der Einfluss der Literatur der „neuen Welle", in welcher die Lexik niederer stilistischer Schichten gebrauchsfähig ist;

    III. das Streben der Massenkommunikationsmittel, durch Sprache aufzufallen, […];

IV. der höhere Stellenwert der mündlichen Rede im Leben des russischen Volkes, die Dialogisierung des Lebens, Meetings und politischer Kampf, die zunehmende Dialogisierung des Alltags haben eine häufige Verwendung von niederer Lexik zur Folge;"

V. die Aktivierung der Gaunersprache aus der Enttabuisierung der Erörterung dieses Themas in den Printmedien (Eckert 2004:100).

Die sprachliche Kultur spiegelt die allgemeine Kultur der Gesellschaft (Romanov 2004:175) wider. In Filmen und Büchern wird die Jargonlexik nicht verdeckt und als literarische Sprache gesehen. Als Beispiel sei die Serie „Brigada" genannt. Diese wurde im Fernsehen gezeigt, obwohl die Folgen in der kriminellen Welt spielen und die dazugehörige Sprache (um ein reales Bild besser darzustellen zu können) im Film eine sehr große Rolle spielt.

Aus diesen Gründen lässt sich der Schluss ziehen, dass die verschiedenen Jargons einen starken Einfluss auf die russische Standartsprache haben.

5. Literaturverzeichnis:

Čemochonenko, A. N. (2007): *Sovremennyj tolkovyj slovar' russkogo jazyka.* Minsk: Charvest.

Eckert, Hellmut, Iosif A. Sternin (2004): *Die russische Sprache im Umbruch. Lexikalische und funktionale Veränderungen im Russischen an der Schwelle des 21. Jahrhunderts.* Hamburg: Verlag Dr. Kovač.

Fedorova, L. L. (2003): Sovremennoe sostojanie molodežnoj reči: k opredeleniju žargona. In: Krysin, L. P. (Hg.): *Aktivnye jazykovye processy konca XX veka.* Moskva: Azbukovnik, S. 271-279.

Gračev, M. A. (1997): *Russkoe argo.* Novgorod: NGLU im. N. A. Dobroljubova.

Gračev, M. A., Mokienko, B. M. (2008): *Russkij žargon: Istoriko-ėtimologičeskij slovar'.* Moskva: Ast-Press Kniga.

Kostomarov, V. G. (1999): *Jazykovoj vkus ėpochi. Iz nabljudenij nad rečevoj praktikoj massmedia.* 3-e izdanie (ispr. i dop.). Sankt-Peterburg: Zlatoust.

Krongauz, M. (2007): *Russkij jazyk na grani nervnogo sryva.* Moskva: Znak, Jazyki slavjanskich kul'tur.

Krysin, L. P. (2004): *Russkoe slovo, svoe i čužoe. Issledovanija po sovremennomu russkomu jazyku i sociolingvistike.* Moskva: Jazyki slavjanskoj kul'tury.

Krysin, L. P. (Hg.) (2003): *Sovremennyj russkij jazyk. Social'naja i funkcional'naja differencija.* Moskva: Jazyki slavjanskoj kul'tury.

Licholitov, P. (1998): *Sovremennyj russkij voennyj žargon v real'nom obščenii, chudožestvennoj literature i publicistike: sistemno-jazykovoj, soziolingvističeskij i funkcional'no-stilističeskij aspekty.* Jyväskylä: University of Jyväskylä.

Ožegov, S. I. (2008): *Slovar' russkogo jazyka.* Hg.: Skvorcov, L. I. Moskva: ONIKS, Mir I Obrazovanie.

Romanov, A. J. (2004): Sovremennyj russkij molodežnyj sleng. In: Rehder Peter (Hg.): *Slavistische Beiträge.* Band 435. München: Verlag Otto Sagner.

Skvorcov, L. I. (1996): *Ėkologija slova, ili pogovorim o kul'ture russkoj reči.* Moskva: Prosveščenie.

Walter, Harry (2001): Tendencii razvitija reči russkoj molodeži. In: Kantoeczyk, Ursula (Hg.): *Rostocker Beiträge zur Sprachwissenschaft. Sprachwandel des Russischen im Transformationsprozess am Ende 20. und zu Beginn des 21. Jahrhunderts.* Heft 11. Rostock: Univ., Philos. Fak., S. 215-227.

Zemskaja, E. A. (Hg.) (2000): *Russkij jazyk konca XX stoletija (1985-1995).* 2-oe izdanie. Moskva: Jazyki slavjanskoj kul'tury.

Internetseiten:
www.jargon.ru (12.08.2010)
der Nationalkorpus der russischen Sprache – www.ruscorpora.ru (12.08.2010)

BEI GRIN MACHT SICH IHR WISSEN BEZAHLT

- Wir veröffentlichen Ihre Hausarbeit, Bachelor- und Masterarbeit

- Ihr eigenes eBook und Buch - weltweit in allen wichtigen Shops

- Verdienen Sie an jedem Verkauf

Jetzt bei www.GRIN.com hochladen und kostenlos publizieren